AF232858

MICHEL TORCIA,

NAPOLITAIN,

AU C.^{en} CHABAUD-LATOUR,

PRÉSIDENT DU TRIBUNAT.

Paris, ce 10 frimaire an 10.

MICHEL TORCIA,

Napolitain, secrétaire de légation il y a près de 40 ans en Hollande ; garde d'archives et bibliothécaire du Roi pendant 30 ans ; membre de l'académie des sciences et de plusieurs autres sociétés , etc.

AU Cᵉⁿ CHABAUD-LATOUR,

PRÉSIDENT DU TRIBUNAT.

SAGES CITOYENS,

LE *Tribunat Romain*, depuis sa première institution sur le Mont sacré, ne fut composé que de deux seuls membres éligibles tous les ans, de la classe du peuple de la seule ville de Rome, qu'on appeloit *plebs,* qu'on distinguait de celle des patriciens, et qu'il ne faut pas confondre avec la populace de nos villes modernes, qui n'est pas

1

composée des tribus urbaines et rustiques. Ce *Tribunat* n'avait d'autre objet que celui de garder, de revendiquer les droits de cette nombreuse et puissante classe, des attentats des sénateurs, ou plutôt des patriciens. Après l'expulsion des rois, elle avait souvent été offensée, opprimée : mais avec le tems elle devint à son tour offensante, oppressive ; et par sa vénalité, sa turbulence et ses tumultes, par son aveugle férocité enfin, en se rendant esclave de l'ingrate ambition des triumvirs, elle contribua le plus à faire écraser la liberté, la majesté de la plus grande et plus mémorable République, de la constitution la mieux organisée, suivant Polybe, qui eût jamais existé dans le monde. Qui ne connaît pas l'exacte définition que nous a laissé de la corruption et corruptibilité de cette classe, le dernier soutien de cette République, l'orateur incomparable, le vrai *pater patriae* Cicéron ? qui n'admire pas parmi les épithètes d'Horace, la justesse de celle de *scelesta*, avec laquelle il caractérisa cette classe, *Od. 4, liv. II*, et qu'on a vu se reproduire sous les derniers terrorismes de France et de Naples ? Il ne nous reste des beaux tems de sa vertu, que quelques *plébiscites*, qui sont peu de choses en comparaison des lois en grand nombre émanées du sénat et des empereurs Romains, et sur-tout de celles antérieures et énergiques des *douze tables*, que les décemvirs allèrent recueillir, non des seuls actes des rois passés de Rome, comme un orateur, d'ailleurs éloquent, l'a ces jours passés énoncé dans le *Conseil législatif*; mais des anciennes républiques *Sabines*, *Samnitiques*, *Hétrusques*, et pour le dire en un mot, *Tyrrhéniennes*, qui avaient policé, éclairé, rendu philanthropiques tous les peuples de la primitive Italie, qu'on appela ensuite Grande-Grèce, et l'*Hellenie* elle-même, qui s'intruisit aux écoles des Pythagoriciens ; *Platon* fut disciple de *Tymée Locrien*, *Epaminondas* de *Zénon Eléate*. On compte jusqu'à 74 de ces républiques italiques, dont les autonomies sont frappées sur leurs monnaies, qu'on appelle médailles, répandues dans les Muséum de France et de toute l'Europe. Ce sont les lois ramassées de ces républiques qui servirent à compiler les *Douze tables*. Les derniers parmi les grands jurisconsultes d'Europe à s'exercer sur l'examen de ces lois, ont été *Gravina* en Italie , et *Montesquieu* en France : ceux qui nous en ont fait la peinture la plus naïve sont , *Tite-Live* et *Tacite* parmi les anciens , *Vertot* parmi les modernes.

L'établissement du *Tribunat Français* est bien différent du Romain ; il est d'abord composé de cent membres, tous donés d'une grande expérience et sagesse ; et par-là il ressemble plutôt au *Sénat Romain*, où siégeoient, à l'honneur du genre humain, les *Cincinnatus*, les *Papirius*, les *Regulus*, les *Scipion*, les *Caton*, les *Varron*, les *Cicéron*, et l'ingrat *César* lui-même. L'objet des sollicitudes du *Tribunat Français*, autant qu'un étranger réfugié peut en apercevoir, n'est pas la conservation des droits de la multitude *plebs* de Paris seulement, mais de ceux de toutes les classes , quelles qu'elles soient, de toute la nation , depuis les bords de l'Océan jusqu'à ceux de la Méditerranée, et des hauts sommets des Pyrénées à ceux des Alpes , et au bas et tranquille courant du Rhin. Ses vues franchissent même ces bornes : elles embrassent tous les Français , tous les colons et adhérens établis dans les deux mondes ; et par dès liaisons politiques et commerciales elles s'étendent à toutes les autres nations du globe.

Le *Tribunat Français* veille à l'exacte observance des droits de la nature et des gens, des pactes, des conventions et traités solennellement stipulés entre elles ; et par cette vigilance, il préserve des troubles la tranquillité et le bonheur de toutes ces nations ; il travaille sans cesse au perfectionnement de l'esprit humain et de l'ordre social.

Le *Tribunat Romain* isolait le peuple de cette immense ville de tous les autres peuples de la terre ; le *Français* s'occupe, avec enthousiasme, à les lier, les unir tous ensemble, pour ainsi dire, dans une seule grande famille. Le premier méprisait, stigmatisait les autres par l'insolent sobriquet de *barbares* ; le second ne les appelle, n'en cherche l'amitié que par le doux titre de *frère*. Il a approuvé, appuyé, auprès du *Consulat*, les bienfaisantes expéditions de *Baudin, Degerando* et autres au lointain pour civiliser et puis fraterniser avec les peuples le plus sauvages dans les contrées les plus éloignées de l'Océan.

D'après un caractère si admirable, un engagement si sacré, et qu'il faut augurer aussi durable pour les siècles à venir qu'il est vénérable dans ses commencemens, il est à espérer que ce *Tribunat* veuille prendre sérieusement en considération, dans sa sagesse, l'objet de la lettre ci-jointe, écrite au vaillant *Général Brune*, Conseiller d'état, pour en faire rapport au *Conseil législatif*, et au discours très-énergique que ce Général a joint à son rapport : et puisque ce Conseil a soumis le traité de paix entre la *République* et le *Roi des Deux-Siciles* à la discussion du *Tribunat*, tous les malheureux *Napolitains*, éparpillés maintenant par la France, la Suisse, la Cisalpine, la Ligurie, qui n'ont jamais manqué de fidélité à leur souverain, puisque c'est ce souverain, bon d'ailleurs, juste, compatissant et protecteur généreux des arts et des sciences (1), comme tous

---

(1) Ce Roi a fait ériger une académie de sciences à Naples, et des nombreux colléges et écoles normales dans les provinces. L'académie fut dotée de près de 100 mille francs de revenus par an, plus que ne le fut celle fondée par Louis XIV à Paris. Il a en outre accru le nombre de chaires et les émolumens

(7)

les parens de la race du *Père du peuple
Henry IV*, il a été entraîné par une mé-
chante cabale ; abandonna , malgré leurs
instances et ses intéréts , le royaume : tous
ces *Napolitains* , dis-je , au nombre envi-
ron de trois cents exilés , comme moi , ex-
patriés par la terreur , implorent de votre
Auguste assemblée, C.^{en} Président , qu'elle
leur obtienne du *Gouvernement* la restitu-
tion de leurs biens , des fruits de leurs travaux , de leurs dangers , de leur zèle cons-
tant à servir ce méme Souverain ; et qui ,
malgré l'édit du pardon général et les capi-
tulations des forts, solennelles jurées, garan-
ties par les plénipotentiaires Russe , Turc ,
Anglais : après avoir vu un grand nombre de

---

des professeurs à l'Université de Naples , et en a fait
autant et encore mieux à Catane et à Palerme. Dans
cette dernière ville il a fondé un observatoire astro-
nomique , un théâtre anatomique , un laboratoire
chimique , et un jardin botanique , des muséum et
des bibliothèques publiques. L'observatoire est dirigé
par le célèbre *Piazzi* , élève de la première école
du monde , Paris. La maudite cabale a fait détruire
presque tous les établissemens scientifiques dans le
seul royaume de Naples , à l'absence de leur fon-
dateur : mais il aura soin de les rétablir avec les savans.

leurs confrères sacrifiés à la rage meurtrière du juge Sicilien *Speziale*, à qui, semblable à un nouveau *Perille*, il n'a manqué qu'un taureau de bronze pour y rôtir les malheureuses victimes, et y être ensuite rôti à son tour, comme l'ancien le fut à Agrigente, se voient bannis à perpétuité avec l'obligation, signée de leur main, avant d'être déportés, de ne plus rentrer, sous peine de mort, dans les Etats de S. M. Sicilienne. Songez, sages Tribuns, que ces Napolitains sont vos confrères, et pour ainsi dire vos compatriotes, comme les deux nations ont été sœurs depuis l'époque reculée des Phocéens ; qu'ils le sont aussi par leur amour pour les sciences et pour les arts, et qu'ils ne sont victimes que pour avoir obéi aux autorités constituées par vos généraux et vos commissaires organisateurs, témoin le sage ministre de la justice ABRIAL, et puis par l'abandon imprévu qu'ils essuyèrent de votre armée et de votre Directoire d'alors. L'honneur français ne manquera pas de laver cette tache des registres des annales humaines. Un mot du Gouvernement éclairé et ferme rétablira ses amis à leur souverain, les enfans éparpillés aux foyers chéris de leur père.

AU CITOYEN BRUNE,

GÉNÉRAL EN CHEF

ET CONSEILLER D'ÉTAT.

CITOYEN GÉNÉRAL,

Les journaux de Paris viennent d'apprendre au public *que vous êtes destiné, par le* PREMIER CONSUL, *à proposer, le 6 de ce mois au* CONSEIL LÉGISLATIF, *le Traité de paix définitif avec le* ROI DE NAPLES, *pour le faire passer en loi.* Permettez qu'un Napolitain comme moi approche un moment de vous, et qu'au nom de tous ses compatriotes qui se trouvent dans les mêmes circonstances, il implore de vous la faveur de faire prendre en considération au GOUVERNEMENT les réflexions suivantes, avant d'exécuter la commission dont vous êtes chargé.

D'abord le GOUVERNEMENT FRANÇAIS est parvenu, par sa fermeté et son amour pour la justice, à faire rendre tous les biens confisqués aux riches possessionnés qui en avoient été dépouillés par leur attachement à VOTRE NATION ; il a ensuite obtenu de les faire rendre aux héritiers de ceux qui avaient été mis à mort pour cette cause ; et enfin il a, pour ainsi dire, arraché des serres des vautours ou des scélérats intrus, toutes les rentes perçues du moment de la confiscation.

Mais cet acte de protection glorieuse n'a compris que la classe riche, ou qui en avait le moindre besoin. Celle qui se trouvait dans le dénuement le plus déplorable en a été entièrement exclue. Les *Militaires*, les *Savans*, les *Artistes sans fortune*, qui ont perdu leurs emplois, ne méritent-ils pas une considération plus spéciale, mieux sentie par le PREMIER CONSUL, à cause de leur indigence et de leur utilité, et d'être par là réintégrés dans leurs emplois, ou du moins dans la jouissance de leurs appointemens en forme de pensions ? Tenez, VAILLANT GÉNÉRAL, je vous citerai seulement parmi les *Militaires*, les enfans de ces braves officiers des quatre régimens de *Bourgogne, Hainault, Namur, An-*

vers, que Louis XIV céda à son petit-fils Philippe V, *roi d'Espagne*, et celui-ci à son fils D. Carlos devenu *Roi de Naples* en 1735. Depuis cette époque, ces *quatre régimens* se sont incorporés, ont fraternisé avec la nation Napolitaine; ils s'y sont multipliés et ont continué à servir leur nouvelle patrie dans le chemin de l'honneur, et par leur sang dans les combats, par leur zèle dans d'autres emplois. Leurs petits-fils se sont trouvés innocemment enveloppés dans la *révolution de Naples*, *emmenée par l'entrée et puis par l'abandon de l'armée française*; et parmi ceux qui servoient honorablement dans la marine, *La Grénélé* fut impitoyablement pendu avec quelques autres de ses compagnons d'infortune : *Sancapré, Bausan, Desroches, Guis* avec bien d'autres ont été bannis à perpétuité et dépouillés de leurs biens. Pourquoi ces braves gens, et un grand nombre de leurs confrères, doivent-ils aller errans, sans patrie, sans biens, sans moyens de subsistance, mortifiés par le chagrin de leur détresse actuelle et par le souvenir de leur bonheur passé? N'en est-il pas de même pour ceux qui se sont poussés par leurs talens et leurs utiles travaux dans la carrière des sciences et des arts , et qui ont été privés de leurs places et de leurs émolumens dans les universités , dans les académies, dans les bureaux et les ateliers de leur pays? L'acquisition de ces emplois n'est-elle pas encore plus légitime que celle des riches héritiers feudataires? La propriété qu'on a acquise de soi-même à force de travaux , de peines , de souffrances de tout genre, n'est-elle pas plus sacrée que celle des héritiers oisifs et quelquefois sans mérite? Le GRAND BONAPARTE n'a-t-il pas été glorieusement placé par la Providence dans la classe des hommes de génie? Quelle immense distance n'y a-t-il pas entre un *Prince Napolitain*, d'ailleurs bienfaisant, qui , après la confiscation même de ses terres à Naples , se soit trouvé en état d'en acheter une très-belle aux environs de Paris, où il a vécu depuis noblement dans l'affluence de tout bien , et un pauvre peintre ou savant qui, faute d'occupation ou de santé, se traîne, en gémissant, dans la misère et dans la boue de cette même ville? Faut-il donc les laisser victimes impunies du terrorisme de *Speziale* aussi, peut-être plus exécrable que celui de *Robespierre*, qui sacrifia les *Bailly*, les *Lavoisier*, les *Condorcet*, les *Malesherbes* en France?

Il semble donc, sans contredit, digne de la majesté et de la justice du GOUVERNEMENT FRANÇAIS, d'insister auprès de celui de Naples pour faire que soient aussi rendue à ces classes nécessiteuses leurs propriétés acquises, ou leurs appointemens avec les arrérages : il n'en coûte qu'un mot écrit à l'ambassadeur à Naples. Vous avez eu plusieurs de ces misérables *militaires* sous vos ordres dans l'armée d'Italie. On vous devra ce bienfait, *citoyen général*; et vous entrelasserez le dernier fleuron de gloire aux brillans lauriers de BONAPARTE; toute l'humanité et tous les souverains sages de la terre y applaudiront, et nommément le TRAJAN DE RUSSIE, ALEXANDRE I.er.

Salut et respect.

MICHEL TORCIA, Napolitain.

De la rue Bailleul, n.º 182, près la colonade du Louvre.